AF193490

PASTORAL **R** RENOVADA

JOSÉ ANTONIO PAGOLA

CÓMO VIVIR LA FE EN LA FAMILIA ACTUAL

PPC

© 2024, José Antonio Pagola
© 2024, PPC, Editorial y Distribuidora, SA
  Impresores, 2
  Parque Empresarial Prado del Espino
  28660 Boadilla del Monte (Madrid)
  ppcedit@ppc-editorial.com
  www.ppc-editorial.com

ISBN 978-84-288-4148-1
Depósito legal: M-7170-2024
Impreso en la UE / *Printed in EU*

Introducción[1]

No parece sencillo tratar de la vivencia de la fe en la familia actual cuando se está hablando del crecimiento de la indiferencia religiosa en nuestra sociedad y cuando todo el mundo dice que la familia está en crisis.

No me voy a detener en lamentaciones y consideraciones pesimistas. Quiero que esta exposición tenga un carácter positivo y práctico. Quisiera contestar a esta pregunta: ¿Que podemos hacer que no estamos haciendo?

En el trasfondo de toda mi intervención hay una doble convicción: la familia es el lugar donde se está jugando hoy, en gran parte, la fe o la increencia del futuro, pero la familia es el lugar donde hoy los padres pueden actuar de manera más eficaz para recuperar y renovar la fe.

---

[1] Este pequeño estudio recoge una ponencia de la *VIII Semana de la Familia*, celebrada en San Sebastián del 7 al 11 de noviembre de 1994.

1

Aproximación a la realidad religiosa de las familias

1. ¿Cómo se vive lo religioso en nuestras familias?

Lo primero que hemos de decir es que la crisis de fe que se observa en la sociedad contemporánea ha afectado como es natural a la familia, verdadera caja de resonancia de cuanto ocurre en la sociedad.

En general, se puede decir que, durante estos años, se ha ido perdiendo el "ambiente creyente" que existía en el hogar. Han desaparecido, en gran parte, los signos religiosos, se han perdido costumbres cristianas, apenas se habla de religión, cada vez es más raro que la familia se reúna para compartir su fe o hacer oración. Se puede decir que la familia va dejando de ser una "escuela de fe". Lo que se transmite en muchos hogares no es fe, sino indiferencia y silencio religioso.

2. Situación compleja

Cuando nos acercamos a las familias concretas, vemos que la situación es más variada y compleja. Sin pretender un análisis riguroso, podemos hacer algunas constataciones.

Hay familias que mantienen viva su identidad cristiana. Los padres tienen sensibilidad religiosa y se preocupan de la educación cristiana de sus hijos. La fe sigue siendo para ellos un factor importante en la configuración de su hogar. Tal vez son un grupo más numeroso del que nos creemos. Son familias que, si encontraran más apoyo por parte de la comunidad parroquial, vivirían la fe de forma actualizada y harían de su hogar un lugar de vivencia gozosa del evangelio.

Hay familias donde uno de los cónyuges tiene sensibilidad religiosa -poca o mucha- y el otro no. Por lo general, son hogares en los que, poco a poco, se va perdiendo el ambiente cristiano.

Hay familias donde los dos cónyuges se han alejado de la práctica religiosa y viven instalados en la indiferencia. Lo religioso está como "excluido" del hogar. Solo aparece en algunos momentos críticos: bautizo del hijo, primera comunión, cuando el hijo asiste a la catequesis o lleva a casa un tema de religión para estudiar o una ficha para rellenar. En algunos de estos hogares la abuela sigue desempeñando una influencia religioso-educativa en los nietos.

Hay también familias donde los padres adoptan una postura de rechazo a lo religioso y evitan que sus hijos tengan una iniciación cristiana. En ese hogar lo religioso solo aparece para ser objeto de crítica, ataque o burla.

Hay familias con problemas que absorben totalmente su atención de manera que el planteamiento religioso queda como "aparcado" o "ahogado" (crisis de separación de los esposos, falta absoluta de comunicación, angustia económica, fuertes conflictos con los hijos...).

3. Actitudes de los padres

Si analizamos las actitudes de los padres, observamos también una gran variedad.

Hay padres cuya postura es de absoluta **despreocupación**. Lo que les preocupa en estos momentos son otras cosas: su puesto laboral; la carrera y el futuro de sus hijos; el bienestar de la familia; el disfrute de la vida... La vivencia de la fe queda relegada a un lugar muy secundario.

Bastantes padres tienen en estos momentos una sensación de **desorientación**. Personalmente viven una fe llena de dudas e incertidumbres. Intuyen que la fe podría ser importante en la familia, pero no saben cómo podrían darle un carácter más cristiano a su hogar; se sienten incapaces de introducir ahora algo nuevo en su casa.

Otros padres viven todo esto desde una **postura acobardada** y pusilánime. Se dicen cristianos, pero no viven su fe con convicción sino por inercia. No abandonan de manera clara y definitiva su cristianismo, pero tampoco lo toman en serio. Bautizan a sus hijos, pero no les preocupa en absoluto su educación cristiana.

Lo religioso está ahí de manera difusa, poco clara.

No pocos padres adoptan una postura de **dejación** y abandono. Exigen ser suplidos por el colegio, las catequistas o las instituciones parroquiales. Se tranquilizan pagando un colegio para sus hijos o llevándolos a la catequesis, pero en casa no hacen esfuerzo alguno para vivir la fe en familia. Sin embargo, hay en estos momentos bastantes padres que han tomado conciencia y sienten de verdad la responsabilidad de vivir su propia fe y de compartirla en el hogar. Les preocupa no solo la educación de sus hijos en general, sino también la educación en la fe. Son conscientes de las dificultades, no se sienten tal vez suficientemente preparados, piden ayuda y orientación, necesitan apoyo, pero están dispuestos a mejorar la vida cristiana dentro de su hogar.

Las preguntas que se suscitan en estos padres son muchas: ¿Por dónde empezar? ¿Cómo conseguir una mayor comunicación en la familia? ¿Cómo crear otro ambiente más cristiano en casa? ¿Qué signos y qué estilo de vida hay que potenciar? ¿Cómo colaborar en la educación de la fe de los hijos? ¿Qué hay que hacer: darles ejemplo, hablarles de religión, imponerles conductas y prácticas religiosas, dejarles en libertad? Y ¿cómo compartir la fe? ¿Se puede de verdad rezar en casa?

4. ¿Qué dicen los hijos?

Antes de seguir adelante, me parece de interés escuchar qué dicen los jóvenes cristianos de todo esto. Voy a recoger los resultados de una encuesta realizada por el Secretariado de Pastoral Familiar de Barcelona entre jóvenes pertenecientes a Movimientos cristianos[2].

Los jóvenes afirman que el clima de fe en el hogar les ha ayudado de manera decisiva a tomar en serio a Jesucristo. Pero lo que más valoran del clima familiar es que los padres se quieran entre sí y sepan amar a sus hijos y a los demás.

Por otra parte, quieren que los padres tengan criterios claros y sepan tomar actitudes frente a los acontecimientos. Ven como muy negativo la

---

[2] J. Boix, "La familia: ámbito de evangelización", en *Phase*, 203 (1994), 424-426.

falta de criterios de los padres. Hablan de que los padres caen entonces en la permisividad total o en el dogmatismo, la falta de comunicación con los hijos, la desatención, el egoísmo, etc.

Estos jóvenes esperan de los padres una actitud de apertura, respeto, diálogo, confianza. Piensan que dar libertad y responsabilidad al hijo le hace bien.

Además, critican a los padres que se desentiendan de la educación de la fe de sus hijos. Dicen que la tarea de los padres no puede ser suplida por la escuela, los grupos cristianos o centros parroquiales. Consideran que en la familia hay un intercambio más sincero y más profundo. Lo de casa marca mucho más.

Estos jóvenes valoran más los criterios y la actuación de los padres que su práctica religiosa. Les afecta negativamente si los padres dan importancia a las normas (precepto dominical) y, en cambio, su comportamiento no es coherente con el Evangelio de Jesucristo. Lo que más valoran de los padres, aunque no estén de acuerdo con sus ideas, es el testimonio práctico y la coherencia de su vida.

2

Dificultades y posibilidades de la familia

¿Qué se puede hacer? ¿Puede ser realmente la familia de hoy un lugar donde se viva, se comparta y se eduque la fe? ¿Cuáles son las dificultades y las posibilidades reales de la familia para la vivencia de la fe hoy?

1. Dificultades

No se trata de enumerar, de manera exhaustiva, todas las dificultades, sino aquellas que inmediatamente perciben los padres cuando se preocupan de crear un clima cristiano en el hogar.

La falta de comunicación

En muchas familias la primera dificultad es la falta de comunicación. La sociedad moderna ha modificado fuertemente la convivencia familiar.

En muchos hogares la comunicación es muy pobre.

La vida actual con su organización plural, su ritmo agitado y su dispersión dificulta la comunicación. Las familias viven hoy más separadas que nunca a causa del trabajo de los padres, los estudios de los hijos y la diversiones y posibilidades del fin de semana. Y cuando, por fin, se encuentran todos juntos, la televisión impone la ley del silencio.

Esto es lo que hoy se escucha: "Estoy tan cansado cuando llego a casa que no tengo ganas de hablar"; "La televisión no nos deja ni cenar juntos"; "No tenemos tiempo para hablar con calma y sin prisa con los hijos".

Naturalmente, cuando falta verdadera comunicación en la familia, es imposible compartir la fe. El cultivo de la fe exige introducir un ritmo más humano en la convivencia familiar.

El desacuerdo entre padres e hijos

Otra dificultad que se percibe en no pocas familias es el desacuerdo entre padres e hijos. El pluralismo de ideas y criterios ha entrado también en los hogares. Se capta el "desnivel", la no coincidencia en las actitudes a causa de modelos educativos o sistema de valores diferentes.

Sin embargo, hay que tomar nota de que los estudios sociológicos actuales señalan que el conflicto entre padres e hijos se ha ido suavizando mucho en los últimos diez o quince años, quizás porque muchos padres han renunciado a inculcar y mantener determinadas normas o pautas de comportamiento.

En cualquier caso, en el terreno de las actitudes sociales, morales y religiosas hay bastante coincidencia (mucho más que en el terreno de lo sexual y lo político). Si dejamos a un lado la vehemencia y radicalismo de los jóvenes, parece que sobre lo fundamental de la religión difieren cada vez menos las ideas y actitudes de padres e hijos. Todos ellos se ven afectados por la misma crisis de fe y la tentación de indiferencia[3].

---

[3] J. González-Anleo, "Cómo son nuestras familias cristianas", en *Sinite* 105 (1994), 51; X. Basurko, "La familia y la dinámica sacramental de los hijos", en *Phase* 203 (1994), 298.

La dificultad de educar en la fe

Muchos padres sienten, sobre todo, la dificultad de educar en la fe a los hijos. Pero esta dificultad en transmitir la fe a las nuevas generaciones hay que situarla en un contexto cultural más amplio.

Hoy todo parece cuestionable; nada es seguro; todo parece discutible. Lo que se ha hecho difícil no es solo la transmisión de la fe, sino la transmisión en general de una tradición, una cultura, una ideología (los partidos políticos, los sindicatos no logran transmitir sus ideales a las nuevas generaciones).

Para aclarar esta situación nos puede servir el análisis de la antropóloga Margaret Mead[4]. Según su estudio, se pueden diferenciar tres modos de transmisión o de aprendizaje:

■ Hay culturas donde los hijos aprenden de los padres como estos aprendieron de los abuelos. Se aprende del pasado (cultura

---

[4] Citado por P. OTAMENDI, "La familia, ¿protagonista de la educación en la fe hoy?", en *La educación en la fe, un reto para la familia creyente*, Obispado, Bilbao 1991, 20-21.

postfigurativa). Es lo que se ha dado entre nosotros durante siglos.

- Hay una cultura en la que los hijos ya no aprenden de sus padres y menos aún de sus abuelos. Aprenden de sus afines o iguales, es decir, de sus compañeros. Ya no se aprende del pasado sino del presente cultural (cultura cofigurativa). Es lo que viene ya sucediendo entre nosotros. Los jóvenes aprenden a vivir de los compañeros, del grupo o pandilla de amigos, de la televisión o las modas del momento. Ahí se inician a la vida.

- Hay también otra cultura en la que los que enseñan son los jóvenes. Los adultos se encuentran superados por los cambios tecnológicos y culturales, y los padres tienen que aprender de los hijos pues estos están más "al día" y se adaptan mejor a los cambios (cultura prefigurativa). Algo de esto comienza a suceder entre nosotros. Es todo este clima el que paraliza a muchos padres: ¿cómo vivir y transmitir la fe en este ambiente? Es quizás, la dificultad principal.

Naturalmente, no hemos de olvidar las dificultades que provienen de una **fe inmadura o en crisis**. En estos momentos subrayaría, sobre todo, dos datos. Muchas familias que se dicen cristianas viven hoy una fe diluida, difusa, poco convencida, con un trasfondo de indiferencia y despreocupación. Por otra parte, cada vez es más frecuente en los hogares una religión "a la carta", es decir, se toman de la religión aquellos aspectos que gustan (bautizo, primera comunión) y se dejan de lado otros aspectos que suponen exigencia y compromiso. La vivencia de la fe en la familia pide en estos casos una verdadera conversión.

2. Posibilidades

Teniendo en cuenta todo esto, ¿qué se puede hacer en la familia? ¿No es una utopía hablar de la vivencia de la fe en el hogar moderno?

Ciertamente, todas estas dificultades y otras más han hecho que muchos padres creyentes ni siquiera se planteen su tarea de construir un hogar cristiano. ¿Qué ha pasado estos años?

- En primer lugar, se ha extendido una sensación de desaliento e impotencia; se da por supuesto que no se puede hacer nada o casi nada en la familia.
- Por otra parte, se desconocen las verdaderas posibilidades de la familia, su capacidad para educar y hacer crecer la fe; muchos padres renuncian antes de haber hecho esfuerzo o prueba alguna.
- Por último, desde las parroquias no se ofrece la debida ayuda, probablemente porque no caemos en la cuenta de que, en estos momentos, no hay ninguna institución, grupo humano o ámbito que sea tan decisivo y eficaz como la familia para el cultivo de la fe y para la educación cristiana.

Todos los estudios apuntan hoy hacia una conclusión: en estos tiempos de crisis cultural y religiosa, la acogida de la fe y la educación en los valores dependen básicamente de que la persona tenga de ellos una experiencia positiva. La persona siempre vuelve a aquello que ha experimentado como bueno, aquello que ha vivido con satisfacción, seguridad y sentido. Pues bien, no hay hoy ningún grupo, ningún ámbito mejor dotado que la familia para ofrecer a la persona una primera experiencia positiva de la vida (experiencia religiosa y de valores) que enmarque sus futuras experiencias. Nada marca de un modo más profundo y deja huellas tan hondas en la vida del sujeto como la familia. Veámoslo de manera más concreta[5]:

■ En primer lugar, la familia ofrece al niño el ámbito primario de personalización y de acogida de la vida. En la familia el niño se va abriendo a la vida, va naciendo día a día, se va tejiendo[6].
Ninguna experiencia dejará huellas tan profundas en su vida, para bien o para mal. Pues bien, la familia es el grupo humano que más capacidad tiene para ofrecerle un ámbito entrañablemente humano, positivo, religioso. Gerardo Pastor dice que "ni las guarderías o escuelas, ni los grupos de coetáneos, ni las parroquias, ni los medios de comunica-

---

[5] Ver J. Martínez Cortés, "Posibilidades reales de educar en la fe por parte de las familias cristianas", en *Sinite* 105 (1994), 55-85; P. Otamendi, art. cit., 298.

[6] J. Rof Carballo habla de "urdimbre constitutiva y urdimbre de identidad" en *Violencia y ternura*, Espasa-Calpe, Madrid 1988.

ción social (prensa, radio y televisión) logran penetrar tan a fondo en la intimidad infantil como los parientes primarios, esos seres de quienes se depende absolutamente durante los seis o nueve primeros años de la vida (padres, hermanos, tutores)"[7].

- En segundo lugar, ningún grupo humano puede competir con la familia a la hora de ofrecer al niño "el suelo religioso y de valores" porque la familia puede ofrecer "valores más afecto". En el hogar el niño puede captar valores morales, conductas, experiencias religiosas, símbolos, etc., pero no de cualquier manera, sino en un clima de afecto, confianza, cercanía y amor. Y es precisamente esta experiencia positiva la que enraíza al niño en la sensibilidad religiosa y en una conducta humana.

¿Qué está sucediendo en estos momentos? De la misma manera que hace unos años la familia era la mejor transmisora de la fe porque ofrecía esa experiencia básica que despierta la sensibilidad religiosa, hoy las

---

[7] G. Pastor, "Familia y transmisión de valores", en *Misión Abierta* 1 (1991), 23.

familias en las que hay vacío religioso, silencio o indiferencia son las transmisoras más eficaces de indiferencia y vacío religioso. La fe se está perdiendo en el seno de la familia. Será muy difícil despertar la fe luego, en otros lugares y ámbitos, en aquel que no haya tenido una experiencia religiosa básica en el seno de su propia familia durante los primeros años.

■ Pero, además, la familia sigue siendo importante también más tarde, cuando ya la persona se pone en contacto con otras realidades, accede a otros modelos de referencia y se va emancipando de los padres. Ciertamente, llegarán los conflictos y las tensiones entre las diversas influencias, pero, aun entonces, será difícil eliminar la referencia religiosa de la familia si en casa el joven sigue encontrando una vivencia adulta, sana, testimonial de la fe. Es cierto que la TV, los amigos y la calle tienen una influencia, pero si esta es hoy tan grande se debe, en buena parte, a que en el seno de la familia hay muchas veces ausencia de experiencia religiosa, abandono y descuido de los padres, poco apoyo por parte de la Iglesia.

3
Condiciones básicas para vivir la fe en familia

Entendemos por familia cristiana "aquella que quiere ser cristiana y que aspira a vivir su realidad familiar de acuerdo con las exigencias de la fe"[8].

Esto exige fundamentalmente que en el hogar se den unas condiciones básicas de convivencia familiar sana, que la familia sea capaz de compartir su fe (oración, celebración) y que se eduque a los hijos en la fe.

Es inútil hablar de la vivencia de la fe en la familia si no se dan en el hogar unas condiciones básicas. Indico algunas de gran importancia.

---

[8] V. SASTRE, "Zonas conflictivas entre el mundo moderno y la familia cristiana", en *La familia como urgencia educativa*, San Pío X, Madrid 1982, 33.

La importancia del amor entre los padres

Es fundamental que los padres se quieran y que los hijos sepan que se quieren. Saber y experimentar que los padres se quieren es la base para crear un clima de confianza, seguridad y convivencia gozosa. En ese clima se puede vivir la fe.

La importancia del afecto de padres a hijos

Es importante el afecto de los padres hacia los hijos: la atención personal a cada uno; la cercanía (dedicarles tiempo, interesarse por sus cosas, hablar con cada uno); un respeto grande por encima de lo que el hijo pueda pensar, decir o hacer. Los padres solo pueden ser modelos de identificación para los hijos si estos se sienten queridos.

Por otra parte, no hemos de olvidar que ejercen una importante función simbólico-mediadora. De alguna manera, los hijos perciben a través de ellos y en su bondad, compañía, respeto, perdón, el misterio de un Dios Bueno.

La importancia del clima de comunicación

Es también importante el clima de comunicación. La falta de comunicación impide la vivencia de la fe en el hogar. Comunicación de la pareja entre sí y comunicación con los hijos. Esto exige evitar lo que sea desconfianza, recelo, dictadura, agresividad, imposición de silencio. Y exige también momentos de convivencia diaria o, al menos, semanal (cierto control de la televisión; concretar momentos de encuentro, salidas juntos...).

Es importante, sobre todo, integrar a los hijos en la vida y los planes de la familia: charlar con ellos y escucharlos sobre los asuntos que afectan a toda la familia; distribuirse amistosamente tareas; hablar con los hijos de las dificultades o los logros en el propio trabajo; participar de los éxitos o las dificultades de los hijos en los estudios; interesarse y colaborar, si es posible, en los "hobbies" de los hijos (lectura, música, actividades...).

Para un hijo es muy importante que los padres le dediquen tiempo a él solo. Es cierto que la vida moderna dificulta hoy la convivencia en familia, pero lo más decisivo no es tener mucho tiempo para estar juntos, sino que, cuando la familia se reúne, se pueda estar a gusto, en un clima de confianza, cercanía y cariño. Difícilmente va a encontrar el hijo un clima semejante en la sociedad actual.

La importancia de la coherencia

Es también importante la coherencia entre lo que se dice o se pide a los hijos y lo que se hace. Se pueden cometer errores y tener fallos o momentos malos; lo importante es mantener una postura de fondo coherente.

Un comportamiento coherente con la fe y las propias convicciones tiene peso y valor decisivo, sobre todo en el mundo adolescente y juvenil. Es este clima de coherencia el que convence y le da a la familia fuerza educadora. Es esa forma sana de vivir la que educa y ayuda a ver la importancia y el valor de la fe.

La importancia de tener una fe compartida

Es también de gran importancia ir pasando de una fe individualista a una fe más compartida en la pareja y en toda la familia. Nos hemos ido acostumbrando a que cada miembro de la familia viva su fe de manera individual, sin comunicar a las demás lo que piensa, lo que siente, lo que reza. A veces en el hogar se comparte todo menos la fe y las vivencias religiosas. Tenemos una especie de pudor, nos falta costumbre, dejamos todo lo religioso para cuando se va a la iglesia.

Este estilo individualista de vivir la fe no se cambia de un día para otro. Es un proceso gradual; habrá que empezar por cosas sencillas (rezar con los hijos más pequeños, ensayar la oración en pareja, mejorar la oración antes de las comidas, etc.).

Cada familia tiene su propio camino para ir aprendiendo a compartir más y mejor su fe. Las posibilidades son muchas, como voy a exponer enseguida, pero cada familia tiene que ver qué puede hacer y por dónde empezar.

Afrontar la increencia de los miembros de la familia

Cada vez es más frecuente el hecho de que en la familia alguien (uno de los cónyuges o algún hijo) se declare increyente[9]. Esta situación representa ciertamente una dificultad más para compartir en casa la fe, pero tampoco hay que adoptar una postura pesimista o derrotista. Puede ser incluso estímulo para vivir mejor la fe. Es una situación que no habíamos conocido entre nosotros, pero ahora hemos de aprender a convivir creyentes y no creyentes en el mismo hogar.

He aquí algunas pautas de actuación:

- Extremar más que nunca el **respeto** mutuo profundo y sincero. Cada uno es responsable de su propia vida.
- Cuidar de manera especial el **testimonio** y la coherencia de la vida con la propia fe.
- Evitar a toda costa las **polémicas** o la agresividad en temas religiosos (esta casi siem-

---

[9] M. SÁNCHEZ, "Cuando los maridos no creen...", en *Misión Abierta* 1 (1991), 91-96.

pre proviene de cierto acomplejamiento y de la falta de experiencia personal gozosa de la fe).

- Saber **confesar la propia fe** sin avergonzarse, manifestando sobre todo lo que a uno le aporta.
- Saber que **el punto de encuentro** es siempre el amor mutuo y la pertenencia a una misma familia en la que Dios quiere, con amor infinito, a creyentes y no creyentes.

4

La oración
en familia

Nosotros hemos conocido hace unos años un tipo de hogar donde la oración en familia era algo normal, con sus ritmos y sus momentos: antes y después de las comidas; el ángelus, el rosario al anochecer, las oraciones de la mañana y de la noche. Por lo general, era la madre la que se ocupaba de asegurar y guiar esta vivencia religiosa.

Como decíamos anteriormente, la vida del hogar ha cambiado profundamente; todo se ha hecho más difícil y, poco a poco, hemos ido abandonando la oración familiar y la individual. Sencillamente, en muchas de nuestras familias ya no se reza. Hemos abandonado todo lo anterior y no lo hemos sustituido con nada. Y empiezan nuestras justificaciones: nos da apuro proponerlo en la familia; la oración parece algo forzado, artificial, no nos sale de dentro; los hijos son demasiado pequeños o crecidos; no nos ponemos todos de acuerdo, es difícil encontrar el momento en que estemos todos.

Sin embargo, la oración en familia es hoy posible. Lo que hemos de hacer es encontrar nuevos modos y nuevo estilo para compartir la fe y hacer oración.

1. La oración de la pareja

El primer paso lo tiene que dar la pareja aprendiendo a orar ella junta. Entre esposos creyentes, más o menos practicantes, hay en nuestros días condicionamientos o falsos pudores que es necesario superar. Una oración en pareja sencilla, normal, sin demasiadas complicaciones, hace bien a la pareja creyente y es la base para asegurar la oración en los hijos.

Esta oración consiste a veces en pedir perdón a Dios, y pedirse y darse mutuamente perdón por los errores y fallos de cada día. Otras veces será acción de gracias por todo lo que reciben de Dios, por todo lo bueno que hay en la pareja y en los hijos. La oración será, con frecuencia, súplica y petición a Dios en medio de las dificultades y problemas de la vida. Es bueno que los padres sepan orar por los hijos y también "en nombre de los hijos", por los pequeños que todavía no saben orar, por los mayores que, tal vez, están en crisis y tampoco saben hacerlo[10].

¿Cómo en concreto? Con alguna oración vocal de petición o de acción de gracias, o de manera espontánea; recitando algún salmo escogido; leyendo despacio un pasaje del evangelio y haciendo una breve oración después de un silencio; rezando pausadamente el rosario o un misterio pidiendo por los hijos o por otras intenciones concretas. Hay muchos materiales de apoyo para orar.

2. Ambiente apropiado

La oración en familia pide un cierto clima. No se trata de recuperar el aspecto sacro que ofrecían los hogares hace unos años (imagen del Sagrado Corazón, Última Cena, Oración del huerto, Ángel de la Guarda, crucifijos en cada

---

[10] M. ICETA, *Vivir en pareja. Hacia una espiritualidad conyugal*, SM, Madrid 1990, 145-151.

habitación, aguabenditeras...), pero sí de reaccionar ante el vacío provocado por la actual secularización.

En primer lugar, se puede cuidar más lo que entra en el hogar (cierto tipo de revistas, vídeos, libros, programas de TV). No es difícil hoy suscribirse a alguna revista cristiana, comprar libros sanos y educativos para los hijos, evangelios y biblias para niños, música para relax e interiorización, grabaciones para orar, para rezar el rosario.

Se puede también introducir algún símbolo, imagen o signo religioso de buen gusto. Los lugares más apropiados son, sin duda, la sala de estar donde la familia se reúne para descansar, hablar o ver la tele, y las habitaciones de los hijos donde, entre otros póster y objetos variados, puede haber alguno de signo religioso, algún recuerdo de la primera comunión o de la confirmación, los evangelios, alguna imagen de Jesús. Se puede también cuidar mejor la ornamentación en tiempo de Navidad (el Belén, el árbol) y darle un tono festivo al domingo (música, comida, mantel, flores...).

Algunas familias llegan a reservar en la casa un lugar o "rincón de oración" especialmente destinado para orar, como expresión de que se le deja a Dios un sitio en la casa. Es un rincón preparado con alguna Biblia, un cirio, alguna planta, que se puede adornar de manera apropiada en algunos tiempos litúrgicos.

3. Enseñar a orar

Para enseñar a orar, no basta decirle al hijo cada noche, "reza", o preguntarle por la mañana, "¿ya te has santiguado?". Esto puede crear en él algunos hábitos, pero enseñar a orar es otra cosa. Se trata de una experiencia que el niño ha de descubrir y aprender en sus padres.

Antes que nada, es necesario que el niño vea rezar a sus padres. Si ve a sus padres rezar sin prisas, quedarse en silencio, cerrar los ojos, ponerse de rodillas, desgranar las cuentas del rosario, poner el evangelio en el centro de la mesa después de haberlo leído despacio, el niño capta intuitivamente la importancia de esos momentos, percibe la presencia de Dios en el hogar coma algo bueno, aprende un lenguaje religioso, unas palabras y unos signos que quedan grabados en su experiencia, aprende unas actitudes y se va despertando en él la sensibilidad religiosa. Nada puede sustituir a esta experiencia.

Pero, además, es necesario orar con los hijos. Los niños aprenden a orar rezando con sus padres. Hay que hacerles participar en la oración, enseñarles a hacer los gestos, a repetir algunas fórmulas sencillas, algún canto, a estar en silencio hablando a Dios. El niño ora como ve orar. La actitud, el tono, el modo pausado, el silencio, la confianza, la alegría, la importancia del evangelio, todo lo va aprendiendo, orando junto a sus padres. Llegará un momento en que él mismo podrá bendecir la mesa, iniciar una oración o leer el evangelio con la mayor naturalidad. La oración queda grabada en su experiencia como algo bueno, que pertenece a la vida de la familia como el reunirse, el hablar, el reír, el discutir o el divertirse.

4. ¿Cómo orar en familia?

Sin duda, cada familia tiene su estilo propio y ha de encontrar el modo concreto de integrar la oración en la vida del hogar. Pero se pueden ofrecer algunas pistas concretas[11].

Orar con los hijos pequeños

Cuando los hijos son pequeños (0-6 años), rezar con ellos teniéndolos sobre las rodillas o abrazados; enseñarles a recitar algunas fórmulas breves y sencillas; ayudarles a que hablen con Dios o con Jesús de manera personal ("Señor, soy Itziar"); enseñarles algunos gestos (la señal de la cruz); acompañarles al acostarse, ayudándolos a hacer un breve recorrido del día dando gracias y pidiendo perdón; leerles pasajes sencillos del evangelio; llevarlos alguna vez a la iglesia y orar ante ellos y con ellos; aprovechar los momentos importantes para ellos: cuando ha habido una fiesta o una salida de casa y han disfrutado, cuando han recibido algún regalo,

---

[11] Es muy sugerente y práctico el artículo de V. PEDROSA, "La familia cristiana, *lugar* de oración y celebración de la fe", en *La educación en la fe, un reto para la familia creyente*, Obispado, Bilbao 1991; sobre todo, pp. 84-96.

cuando han reñido entre hermanos, cuando se han curado de alguna enfermedad....

Orar con los hijos adolescentes o jóvenes

Cuando los hijos son ya mayores (adolescentes o jóvenes) se puede tener en cuenta otras pistas y sugerencias: orar en las comidas de forma variada; antes de retirarse a descansar, rezar o cantar juntos el Padrenuestro, tener un recuerdo para María; hacer alguna breve oración de acción de gracias; si hay clima, y todos están de acuerdo, se puede pensar en algún momento fijo cada semana para leer el evangelio (por ejemplo, el del siguiente domingo), hacer silencio, comentarlo brevemente y terminar con algunas peticiones[12].

Pero con adolescentes y jóvenes puede ser importante, sobre todo, saber preparar una oración sencilla en momentos señalados: cumplea-

---

[12] Se puede ver un esquema posible en "Un estilo de orar en familia: la oración diálogo", en *Orar* 81-82 (1994), 62-64. También es sugerente y práctico el libro de M. Iceta, *Hogares en oración. 25 esquemas de oración familiar*, SM, Madrid 1979.

ños de algún miembro de la familia, aniversario de bodas de los padres, la confirmación de un hermano, antes de salir de vacaciones o al extranjero, al comenzar el curso, al terminar una carrera, cuando se espera un nuevo hermano, cuando la hija comienza a salir con un chico, cuando alguien está hospitalizado, el día de Navidad, cuando termina el año, etc.

5. La familia y el domingo cristiano

La actuación de la familia en la celebración de los sacramentos merecería una atención especial. Cómo actuar de manera más responsable en el **bautismo** de los hijos: elección del nombre, anuncio de la buena noticia, elección responsable del padrino y la madrina, participación en la preparación organizada en la parroquia, participación en la celebración litúrgica, preparación de la fiesta familiar.

Habría que cuidar también una participación más responsable en la **primera comunión** de los hijos: colaboración en la preparación catequética del niño, acompañamiento en la celebración litúrgica, sentido cristiano de la fiesta familiar, aspectos educativos y deseducativos.

Algo semejante habría que decir de la **confirmación** de los hijos y el acompañamiento responsable de los padres, la celebración cristiana de los **funerales** del ser querido y el acompañamiento en la **última enfermedad,** la **boda** del hijo, etc.[13] Aquí solo diré algo de la celebración cristiana del domingo.

La **misa dominical** suele ser con frecuencia un tema de conflicto en la vida familiar. El fin de semana en la sociedad contemporánea, con sus actividades deportivas y culturales programadas de antemano, con su variada oferta de espectáculos y diversiones ha hecho más difícil la participación en la eucaristía dominical. ¿Cómo actuar desde la familia?

Antes que nada es importante el ejemplo personal de los padres, de participación convencida y gozosa, no por obligación sino como necesidad de alimentar la fe en la eucaristía y la Palabra de Dios, como expresión de pertenencia a una comunidad cristiana y como signo de una fe

---

[13] Se puede ver X. Basurko, "La familia y la dinámica sacramental de los hijos", en *Phase* 203 (1994), 387-402.

confesada públicamente (quien sale hoy de casa para ir a misa, hace un gesto que lo identifica y distingue de los demás).

Es importante que los padres vengan a la eucaristía con los hijos pequeños. Si los padres hacen de esta salida dominical una experiencia grata, si les ayudan a comprender mejor la celebración, si les enseñan con diferentes detalles a vivir el domingo como una fiesta, esta experiencia es la mejor iniciación. Según Antoine Vergote, "salvo raras excepciones, solamente aquellos que han sido preparados para ello en la tradición familiar, observarán esta práctica"[14].

Ante los hijos adolescentes o jóvenes que se resisten a asistir a misa la mejor actitud no es la despreocupación y permisividad absoluta ni la coacción. Lo mejor es una invitación motivada y responsable, sobre todo en días señalados (fiestas más importantes, aniversarios de seres queridos difuntos, cumpleaños o fiestas familiares, primera comunión de un hermano, tiempo de Adviento o Cuaresma, etc.). Ante las objeciones de los hijos: "la misa no me dice nada",

---

[14] Citado por X. Basurko, art. cit., 402.

"no siento ninguna necesidad", etc., los padres deberían reconocer honradamente las dificultades, pero exponer también lo que a ellos les aporta la eucaristía dominical.

En cualquier caso, aunque algún miembro de la familia no vaya a misa, la familia puede cuidar a lo largo de todo el día el tono cristiano del domingo (descanso, carácter festivo, convivencia especial, oración, visitas).

5
La educación de la fe en familia

Los padres, en general, se preocupan mucho de la formación humana y académica de sus hijos por las consecuencias que puede tener para su futuro. Quieren para el hijo lo mejor. Sin embargo, no se da la misma importancia a la educación en la fe. Ser creyente, o no serlo, no parece muy importante para el futuro feliz del hijo. Y muchos padres "delegan" esta tarea en la catequesis parroquial o en el colegio; son muchos menos los que se preocupan personalmente y de cerca de la educación cristiana del hijo. Se escuchan casi siempre las mismas excusas: "nos falta preparación", "no hay tiempo"...

Sin embargo, un niño que participa en la catequesis parroquial o recibe formación religiosa escolar, sin tener en su hogar referencia religiosa alguna, es difícil que asimile e interiorice la fe.

Si en casa Dios no tiene importancia alguna, si Cristo no es punto de referencia, si no se toma en serio la religión, si no se viven las actitudes cristianas básicas la fe no enraizara en él. El clima familiar es absolutamente necesario para interiorizar el mensaje religioso que el niño recibe en la catequesis o en el colegio. Una familia consumista, preocupada solo por su bienestar material, donde Dios está ausente, donde se viven relaciones egoístas y poco respetuosas, una familia insolidaria, cerrada a los problemas de los demás, anula prácticamente la labor de la catequesis o del colegio y se convierte en factor descristianizador.

1. Objetivo de la educación de la fe

No estamos hablando de la educación en general, sino de la educación de la fe. ¿Qué queremos decir con eso? ¿Que pretendemos? De manera general, el objetivo es que los hijos entiendan y vivan de manera responsable y coherente su adhesión a Jesucristo, aprendiendo a vivir de manera sana y positiva desde el evangelio.

Pero hoy la fe no se puede vivir de cualquier manera. Ese hijo necesita aprender a ser creyente en medio de una sociedad descristianizada. Esto exige hoy vivir una fe personalizada, no por tradición sino fruto de una decisión personal; una fe vivida y experimentada, es decir, una fe que se alimenta no de ideas y doctrinas sino de una experiencia gratificante; una fe no individualista sino compartida en una comunidad creyente; una fe centrada en lo esencial, que puede coexistir con dudas e interrogantes; una fe no vergonzante, sino comprometida y testimoniada en medio de una sociedad indiferente.

Esto exige todo un estilo de educar hoy en la fe donde lo importante es transmitir una experiencia religiosa más que ideas y doctrina; enseñar a vivir valores cristianos más que el sometimiento a unas normas; desarrollar la responsabilidad personal más que imponer costumbres; introducir en la comunidad cristiana más que desarrollar el individualismo religioso; cultivar la adhesión confiada a Jesucristo más que resolver con exactitud todas y cada una de las dudas.

2. Algunas pautas de actuación

No descuidar la propia **responsabilidad**. Nada de pesimismos ni de renuncia a la propia tarea. Es mucho lo que se puede hacer. En primer lugar, preocuparse de que el hijo reciba una educación religiosa en el colegio y tome parte en la catequesis parroquial. Luego, seguir muy de cerca esa educación que el hijo está recibiendo fuera del hogar, conocerla y colaborar desde casa apoyando, estimulando y ayudando al hijo. En el hogar, actuar sin complejos, sin esconder o disimular la propia fe. Esto es importante para los hijos.

Es necesario también recordar que, a través de toda su conducta, los padres, sin darse cuenta, van **transmitiendo** a los hijos **una determinada imagen de Dios**. La experiencia de unos padres autoritarios, temibles, controladores, proyecta la imagen de un Dios legislador, castigador, juez vigilante. La experiencia, por el contrario, de unos padres despreocupados y permisivos, ajenos a los hijos, va transmitiendo la sensación de un Dios indiferente hacia lo nuestro, un Dios como inexistente. Si los hijos, sin embargo, viven una relación de confianza, comunicación, comprensión con sus padres, la imagen de un Dios Padre se va interiorizando de una manera muy distinta en sus conciencias.

En la educación de la fe, lo decisivo es **el ejemplo**. Que los hijos puedan encontrar en la familia "modelos de identificación", que no les sea difícil saber como quién deberían comportarse para vivir de manera sana, gozosa y responsable la fe. Solo desde una vida coherente con la fe se puede hablar a los hijos con autoridad. Este testimonio de vida cristiana es particularmente importante en el momento en que los hijos, ya adolescentes o jóvenes, van encontrando en su mundo otros modelos de identificación y otras claves para entender y vivir la vida.

Es necesario **superar el autoritarismo**. Una educación autoritaria no conduce a una vivencia sana de la fe. La educación basada en imposiciones, amenazas y castigos es dañina para la fe. El padre que no admite réplicas, no ofrece explicación, no razona, no orienta, no expone su propia experiencia, no está educando en la fe. Por lo general, esta actitud autoritaria denota falta de seguridad y de criterios. El hijo que vaya interiorizando la fe en un clima de coacción, amenazas y presiones, probablemente abandonará más adelante esa experiencia religiosa negativa y poco satisfactoria.

Por bien intencionadas que sean, no todas las estrategias garantizan una educación sana de la fe[15]. No basta, por ejemplo, crear hábitos de cualquier manera, repetir gestos mecánicamente, obligar a ciertas conductas, imponer la imitación. Solo se aprende lo que se hace con sentido. Solo se comprende lo que se experimenta. Se aprende a creer en Dios cuando, a nuestra manera, hacemos la experiencia de Dios. No es bueno rezar sin rezar, cumplir sin vivir, practicar sin saber por qué. El cristianismo se aprende viviéndolo gozosamente. "Solo educa aquello que se aprende afectivamente, con el corazón más que con la cabeza"[16]. Para eso, la estrategia acertada es vivir la fe compartiéndola gozosamente con los hijos.

---

[15] J. M. GARCÍA DE DIOS, "Calidad del cristianismo y educación familiar en la fe", en *Misión Abierta* 1 (1991), 57-64.

[16] M. MARTÍNEZ, "El crecimiento de la fe en la comunidad familiar", en *La educación de la fe, un reto para la familia creyente*, Obispado, Bilbao 1991, 35-55.

3. Algunos puntos concretos

Para terminar, voy a señalar algunos puntos importantes hoy para la educación cristiana de los hijos. Solo los apunto.

Conocer el mundo de los hijos

Los padres tienen que ser conscientes de que el mundo de sus hijos es absolutamente distinto del que ellos conocieron de jóvenes. Ha cambiado el estilo de vida, el sistema de valores, la sensibilidad cultural, los criterios. Los hijos son de la época actual. Su mundo es el de ahora, no el que vivieron sus padres. Por eso, los hijos no serán nunca como sus padres. Tendrán su propia personalidad. Cuanto mejor conozcan los padres el mundo actual de sus hijos, mejor los podrán educar.

Los amigos de los hijos

Es un punto importante. A determinada edad, los amigos pueden influir fuertemente en el desarrollo moral y cristiano de los hijos. Los padres no pueden permanecer ajenos y despreocupados. Es un tema delicado. Ayudar a los hijos en la elección de sus amigos exige tacto y prudencia; de lo contrario, sería contraproducente. Lo más acertado puede ser favorecer el encuentro y la convivencia con jóvenes de ambientes sanos y cristianos (en torno al colegio, la parroquia, familias conocidas). Se puede invitar y apoyar la integración en grupos cristianos (confirmación, posconfirmación, movimientos). Si se observa la influencia claramente dañosa de algún compañero (droga, sexo, delincuencia), hay que intervenir.

El lugar de la TV

La TV requiere una atención y un tratamiento adecuados. No es sana una familia esclava del televisor. El televisor es demasiado poderoso e influyente como para que cualquier miembro de la familia, a cualquier edad, pueda encenderlo para ver cualquier programa y a cualquier hora. Es posible en el hogar llegar a un uso racional de la TV y una cierta selección de programas, que no impida la convivencia familiar. Es importante, por otra parte, aprender a ver críticamente los programas valorando lo positivo y desenmascarando lo falso, partidista, inmoral o antirreligioso.

El uso del dinero

Es otro aspecto importante para la educación cristiana en una sociedad consumista. Es deseducador dar al hijo un dinero fácil o plegarse a todos sus caprichos llenándolo de cosas y preparándolo así para el consumismo. El niño tiene que experimentar que el dinero es fruto de un trabajo; tiene que conocer y estimar más una vida sobria y sana; tiene que saber que el bienestar material no es el objetivo más importante de la vida, y que es inhumano vivir de manera insolidaria ignorando a los más desfavorecidos de la sociedad y de la Tierra.

Índice